BEI GRIN MACHT SICH IHR WISSEN BEZAHLT

- Wir veröffentlichen Ihre Hausarbeit,
  Bachelor- und Masterarbeit

- Ihr eigenes eBook und Buch -
  weltweit in allen wichtigen Shops

- Verdienen Sie an jedem Verkauf

Jetzt bei www.GRIN.com hochladen
und kostenlos publizieren

Bibliografische Information der Deutschen Nationalbibliothek:

Die Deutsche Bibliothek verzeichnet diese Publikation in der Deutschen National-
bibliografie; detaillierte bibliografische Daten sind im Internet über http://dnb.d-
nb.de/ abrufbar.

Impressum:

Copyright © 2008 GRIN Verlag, Open Publishing GmbH
Druck und Bindung: Books on Demand GmbH, Norderstedt Germany
ISBN: 9783640601509

Dieses Buch bei GRIN:

http://www.grin.com/de/e-book/149096/emblematik-und-intertextualitaet-die-
beziehung-zwischen-bild-und-text

Anica Petrovic-Wriedt

Emblematik und Intertextualität. Die Beziehung zwischen Bild und Text

GRIN Verlag

Intertextualität und Systembeziehung[1]

Bernhard Scholz leitet seinen Aufsatz zu den Themen und Fragestellungen der Emblemforschung mit der Frage ein, wie das Emblem in seiner Zeit eigentlich einzuordnen sei. Ausgangspunkt ist für ihn die Frage nach dem Textkorpus der Emblematik, die als produktivste Wort-Bild-Gattung vom 16. bis zum 18. Jahrhundert gilt. Zunächst erscheint logisch, dass zu dem Textkorpus die Embleme selbst gehören. Da besonders in diesen drei Jahrhunderten das Emblem zu einer regelrechten Modegattung wurde und dies durch die Vielzahl von Büchern, die diese enthielten, auch belegt werden kann, zählen auch die Emblembücher folgerichtig zum Textkorpus. Bereits bei dem eben dargestellten Teil des Korpus soll es sich laut Homann bei den Emblemen um eine „Zahl mit Abschreckungseffekt"[2] handeln. Dabei ist die weitere Wirkung des Emblems außerhalb des Korpus noch nicht beachtet worden. Als diese wird die Rolle des Emblems unter anderem beim Bedeutungsaufbau zahlreicher Werke der Literatur, Malerei, Skulptur und Baukunst genannt.[3] Zählt man diese Wirkung des Emblems zum Textkorpus der Emblematik hinzu, kommt man auf eine Zahl, die durchaus als Argument dafür gesehen werden kann, dass es sich beim Emblem um eben die produktivste Wort-Bild-Gattung dieser Zeit handelte.

Scholz führt in seinem Aufsatz zwei Emblemforscher ein, die versuchten die Bedeutsamkeit des Emblems für diese Zeit in Worte zu fassen und stellt die beiden Formulierungen gegenüber. So bezeichnete der Emblemforscher Albrecht Schöne die Wirkungszeit des Emblems als „emblematisches Zeitalter", während Thomas M. Greene dem in einer ausführlicheren Definition entgegen hält, dass sich von der Emblematik als „einem hervorragenden Element der „semiotischen Matrix" der Kultur der Renaissance und des Barock" sprechen lasse.[4] Dazu führt Greene in *The light in Troy: Imitation and Discovery in Renaissance Poetry* aus, dass die Bedeutung jedes verbalen Kunstwerks in seiner einzigartigen semiotischen Matrix gesucht werden muss, das mundus signficans genannt werden kann, ein bedeutendes/bezeichnetes Universum, das rhetorisches und symbolisches Vokabular umfasst, einen Speicher bezeichneter Kapazitäten die potentiell für jedes Mitglied einer Kultur verfügbar sind.[5] Scholz erläutert im Anschluss an diese Gegenüberstellung, warum jede Feststellung für sich durchaus problematisiert werden kann. So macht er zunächst darauf aufmerksam, dass die Emblematik neben den Anfängen der modernen

---

[1] Die Ausarbeitung bezieht sich auf die Texte von B. F. Scholz, R. Zymner und E. Osterkamp aaO.
[2] Scholz, B. F.: Emblem und Emblempoetik: historisch und systematische Studien. Berlin 2002, S.15, Fn. 1.
[3] Scholz, B. F.: Emblem und Emblempoetik: historisch und systematische Studien, S.15.
[4] Scholz, B. F.: Emblem und Emblempoetik: historisch und systematische Studien, S.15, 16.
[5] Vgl. Scholz, B. F.: Emblem und Emblempoetik: historisch und systematische Studien, S. 16, Fn. 5.

Naturwissenschaften, der modernen Technik und des modernen Staatswesens als definitorisches Merkmal der Epoche ungeeignet sei, da eben diese wissenschaftlichen Fortschritte die Zeit der Renaissance und des Barock auf nachhaltige Weise geprägt haben und für die Moderne von großer Wichtigkeit waren. Bei Greene bemerkt Scholz kritisch, dass Greene die Bezeichnung der „semiotischen Matrix" nur auf ein einzelnes Kunstwerk bezieht und damit seine Definition unnötig einschränke. Scholz geht in diesem Punkt einen Schritt weiter als Greene und fordert, dass die „semiotische Matrix" für alle Kunstwerke der Epoche gelten solle, wobei diese Matrix einzelfallabhängig variiert und modifiziert werden könne.[6] Um deutlicher zu machen, was unter einer „semiotischen Matrix" zu verstehen ist gibt Scholz Beispiele. So werden unter dem Begriff der „semiotischen Matrix" die zum Beispiel Geometrie, die Affektenlehre, die Alchemie und die Rhetorik als semiotische Systeme vereint. Alle diese Systeme haben ein bestimmtes Repertoire an Zeichen, die sie in ihrem eigenen System verwenden, die also systemspezifisch oder auch systemimmanent sind. Die Zeichen aller Systeme bilden dann die semiotische Matrix (der Zeichen) der Kultur der frühen Neuzeit. Zudem haben alle Systeme eine Doppelfunktion, die sie kennzeichnet. So ist die Geometrie zum Beispiel einerseits die produktivste mathematische Teildisziplin, andererseits ist sie aber auch wesentlich an der Entwicklung und Darstellung von Gedankengängen beteiligt. Ein weiteres Beispiel wäre die Alchemie, die erstens einen entscheidenden Beitrag zur Grundlage der modernen Chemie leistete und zweitens aber auch Sinngebiete durch Auslegungs- und Darstellungsverfahren beeinflusste.[7] Diese Teilsysteme mit ihren verwendeten Zeichen bilden nach Scholz zusammen eine „semiotische Matrix".

Daraus lassen sich allgemein zwei Fragestellungen ableiten: zum einen stellt sich die Frage nach dem Schaffen eines umfangreichen Textkorpus und zum anderen stellt sich die Frage nach der strukturellen Beeinflussung anderer Textkorpora. Dabei geht es bei der ersten Fragestellung darum, ob jedes Teilsystem für sich ein umfangreiches Textkorpus schafft und bei der zweiten Frage darum, ob und wie eine Beeinflussung anderer Textkorpora strukturell zu begründen ist. Die Emblemforschung beschäftigt sich bereits seit den 60er Jahren des 20. Jahrhunderts, verstärkt seit den 80ern, mit der Frage nach der Übertragbarkeit dieser Fragestellungen und der angedeuteten Doppelfunktion auf das Emblem. Die neuere Emblemforschung geht im Endeffekt auch von einer solchen Doppelfunktion aus. Daraus ergeben sich speziell für das Emblem zwei zentrale Fragestellungen: 1. Wie ist das Emblem in seiner Wirksamkeit für die „semiotische Matrix" der frühen Neuzeit zu bewerten? und 2.

---

[6] Scholz, B. F.: Emblem und Emblempoetik: historische und systematische Studien, 16.

[7] Scholz, B. F.: Emblem und Emblempoetik: historische und systematische Studien, S.16, 17.

Wie funktioniert das Emblem im Zusammenhang mit anderen Systemen, die semiotisch sind und damit mit der Frage, ob die Emblematik ohne den Einfluss der Rhetorik beispielsweise überhaupt denkbar wäre. Diese Fragestellungen bilden dann auch den Ausgangspunkt für Scholz und seine Einführung der Begriffe „Intertextualitätsbeziehung" und „Systembeziehung".[8] Innerhalb der „Intertextualitätsbeziehungen" stellt er dann zunächst die Frage, ob solche zwischen einzelnen Texten erkennbar sind. Als Beispiel für eine solche Intertextualitätsbeziehung kann das Drama betrachtet werden, wenn dort ein als bekannt vorausgesetztes Emblem durch Schauspieler auf die Bühne gebracht wird. Bei dem Versuch die intertextuelle Rolle des Emblems zu identifizieren kam es dann, nach Scholz, zu einer Überschneidung mit der Panofsky-Schule und damit der Ikonologie. Diese interessierte sich ebenfalls für die Frage, wie Einzelembleme zum Bedeutungsaufbau komplexer (Bild-) Texte beitragen.

Auf der Seite der „Systembeziehungen" stellt sich nach Scholz zunächst die Frage, ob solche erkennbar sind, d.h., ob es zur Übernahme „abstrakter Zeichensysteme" innerhalb der Matrix und deren Aktualisierungen auf bzw. für das Emblem kommt. Als Beispiel kann man auch hier das Drama anführen und fragen, ob Analogien zwischen der Struktur des Emblems und des Dramas erkennbar sind. Im Anschluss an Schöne kam es dann zur exzessiven Suche nach „emblematischen Strukturen" in anderen Textsorten und Parallelen. Problematisch war dabei, dass die Struktur- und Textbegriffe nicht expliziert wurden und diese Forschung somit auch keine nachhaltigen Ergebnisse brachte.

Schöne beschrieb die Doppelfunktion des Emblems alliterierend als „Abbilden und Auslegen, Darstellen und Deuten".[9] Nach Schöne ist die Emblematik zwischen zwei Textgruppen angesiedelt. Das Emblem befindet sich damit zwischen der „darstellenden und auslegenden/ deutenden" und der „abbildenden und auslegenden/ deutenden" Textgruppe. Damit gehört es einerseits zu dem Teil des literarischen Systems, das sich bei der Realisierung der Darstellungsfunktion visueller Zeichen bedient, wie es zum Beispiel bei der Imprese der Fall ist. Nach Heckscher und Wirth gehört es dann zu „den Kunstformen, die durch die Vereinigung von Wort und Bild zu einem in sich geschlossenen allegorischen Gebilde gekennzeichnet sind". Damit bilden die Embleme jedoch auch andererseits die Teilmenge der Elemente des literarischen Systems, bei dem nicht obligatorisch ist, dass die Darstellungsfunktion mittels visueller statt sprachlicher Zeichen realisiert werden muss, wie

---

[8] Scholz, B. F.: Emblem und Emblempoetik: historische und systematische Studien, S.18.
[9] Scholz, B. F.: Emblem und Emblempoetik: historische und systematische Studien, S.18.

es unter anderem bei der Fabel und der Parabel der Fall ist.[10] Diese lassen sich wiederum Schönes Textgruppe des „Darstellens und Auslegend/ Deutenden" zuordnen.

Welchen Einfluss Schönes Ansatz für die Genese und Entwicklung der Emblematik hat, wird nun auch auf der Seite der „Intertextualitätsbeziehungen" deutlich. Bereits der Emblemforscher Hessel Miedema zeigte, dass „das Emblem als Textsorte eigenen Gepräges dadurch entstand, dass Texte einer Gattung des Systems „Darstellen und Auslegen" um eine Komponente erweitert wurden."[11] Die Umstände, wie es zu dieser Erweiterung gekommen ist, sind nach Hessel dabei ungeklärt. Als Beispiel wird das Hinzufügen von Holzschnitten zu den ekphrastischen Epigrammen (Andreas Alciatos) in der Tradition der Anthologia Graeca genannt, denn das Emblem rückte erst durch diesen visuellen Zusatz in die Nachbarschaft der Imprese.

Die Entwicklung der Emblematik lässt sich auch durch das Begriffspaar „Assimilation" und „Dissimilation" beschreiben. Assimilation meint dabei das Ähnlichmachen von Elementen anderer Gattungen mit der Doppelfunktion „Darstellen und Auslegen". Damit ist die Assimilation intertextuell. So kommt es zum Beispiel zur Übernahme von Elementen der in didaktischer Hinsicht ähnlichen äsopische Tierfabel.[12] Bei der Dissimilation geht es hingegen um das Unähnlichmachen des Emblems gegenüber ähnlichen Wort-Bild-Gattungen, besonders gegenüber der Imprese, um ein Überflüssigwerden einer der Gattungen zu vermeiden. Die Dissimilation ist folglich strukturell zu betrachten. Für die Forschung wird diese Gegenüberstellung bei der Assimilation in den emblematischen Texten selbst deutlich und bei der Dissimilation in zeitgenössischen poetologischen Diskursen zur Emblematik, also in Vorworten und Poetiken, die damit nur als Systemreferenz rekonstruierbar ist. Damit lässt sich der Assimilationsbegriff auf die Seite der Intertextualitätsbeziehung einordnen und die Dissimilation auf der Seite der durch Scholz geprägten Systembeziehung.

Text-Bild-Beziehung

Der griechische Lyriker Simonides soll nach der Überlieferung von Plutarch gesagt haben, dass die Malerei eine stumme Poesie sei, die Dichtung aber eine sprechende Malerei. Dies bildet auch den Ausgangspunkt für die Untersuchung im 17. Jahrhundert zwischen dem Zusammenhang der Emblemteile überhaupt. Die Untersuchungen über die Ähnlichkeiten zwischen den unterschiedlichen Bereichen sorgten jedoch dafür, dass es immer wichtiger

---

[10] Scholz, B. F.: Emblem und Emblempoetik: historische und systematische Studien, S.19.
[11] Scholz, B. F.: Emblem und Emblempoetik: historische und systematische Studien, S.20.
[12] Scholz, B. F.: Emblem und Emblempoetik: historische und systematische Studien, S.22.

wurde Unterscheidungskriterien zu etablieren. Der Appell an die Sinne galt dabei als eines der wichtigsten Merkmale zur Unterscheidung der Systeme.[13] Der Poesie sprach man die Eigenschaft zu sowohl das Sichtbare, als auch das Unsichtbare nachahmen zu können, während die Malerei auf die Nachahmung der sichtbaren Welt begrenzt sei.

Einigkeit besteht innerhalb der Emblemforschung in der Zuordnung des Emblems zu dem Bereich der Gattungen, die Text und Bild miteinander verbinden (so Osterkamp) bzw. das Emblem als synmediale Kunstform (so Zymner, Scholz) zu begreifen, sowie dem Festhalten am Kriterium der Dreiteiligkeit, die das Emblems in inscriptio, pitura und subscriptio unterteilt. Die Meinungen gehen dort auseinander, wo sich die Frage danach stellt, wie die unterschiedlichen Teile zusammenhängen:

Bereits bei Alciatus ließen sich vielfältige Variationen im Verhältnis der Teile des Emblems zueinander finden. Die Forschung stellte bereits früh fest, dass sowohl der Text an der Entstehung des Bildes als auch das Bild an der Entstehung des Textes beteiligt sein kann. Daraus ergibt sich, dass das Emblem trotz seiner vorgegebenen Struktur ein sehr flexibles Medium ist, dessen historische Variantenfülle und Anwendungsvielfalt eine Konzeption des Emblems problematisch macht.

Ein Teil der Forschung (Bild-Text-Theorie[14]) geht von der picura als wichtigstem Bestandteil des Emblems aus. Dieser Zweig geht davon aus, dass die subscriptio nur der Auslegung des „ideell prioritären" Bildteiles diene. Konsequenterweise geht die Interpretation des Emblems vom Bild hin zum Text. Als Vertreter dieser Theorie kann Anne G. de Vries gelten. Der Niederländer zählt neben Greene zu den Gründungsvätern der neuen Emblemforschung. De Vries bemerkte bereits 1899, dass in der Emblemliteratur die Bilder das Wichtigste sind und die Texte nur das Zweitwichtigste und er begründete seine Entscheidung, bestimmte Emblembücher nicht mit in seine Bibliographie aufzunehmen, damit, dass die Bilder in den entsprechenden Teilen nur Illustrationen des Textes seien.[15] Die subsriptio dient nach dieser Theorie nur der Auslegung des Bildteils.

Ein anderer Forschungszweig (Text-Bild-Theorie[16]) vertritt die Ansicht, dass es sich bei der pictura nur um die Verbildlichung des Textes handelt, wodurch der Text in der Interpretation des Emblems die erste Stelle einnimmt. Als Vertreter soll Panofsky genannt werden, der sich gegen die Unbrauchbarkeit des Illustrationsbegriffs wendet und über Alciatos „Emblemata"

---

[13] Osterkamp, E.: Emblematik. In: Die Literatur des 17. Jahrhunderts. Hrsg. von H. Meier. München, Wien 1999, S. 234.

[14] Zymner, R.: Das Emblem als offenes Kunstwerk. In: Polyvalenz und Multifunktionalität der Emblematik: Akten des 5. Internationalen Kongresses der Society for Emblem Studies = Multivalence and multifunctionality of the emblem. Hrsg. von Wolfgang Harms, Frankfurt a Main 2002, S.12.

[15] Scholz, B. F.: Emblem und Emblempoetik: historische und systematische Studien, S.24.

[16] Zymner, R.: Das Emblem als offenes Kunstwerk, S.12.

schreibt, dass sie die ersten und berühmtesten einer zahllosen Sammlung von illustrierten Epigrammen oder epigrammatischen Paraphrasierungen von Bildern seien.[17] Kritik an dieser Ansicht äußert der Emblemforscher Dieter Sulzer, der sagt, dass das, was Illustration im Lauf der Kunstgeschichte heißt, nicht erwogen wird; das Epigramme (und Sprache überhaupt) Bilder paraphrasieren können, werde fraglos behauptet bzw. die Art und Weise der Umschreibung werde nicht geklärt.[18]

Neben diesem beiden Ansätzen hat man jedoch historisch und logisch (auch: produktionsästhetisch und rezeptionsästhetisch, Zymner) geltend gemacht, dass jeder der drei Teile zuerst hätte da gewesen sein können und jeder den anderen hätte verursachen können. Dieselbe Kritik, die Dieter Sulzer an Panofsky geäußert hat, gilt auch für die Emblemauffassung von Mario Praz, der schreibt, dass das Emblem genau die Rückseite eines Epigramms sei. Embleme seien Dinge (Repräsentationen von Objekten), die Einbildungen illustrieren und Epigramme seien Wörter (Einbildungen), die Gegenstände illustrieren.[19]

So bleibt zunächst festzuhalten, dass sich bei de Vries und Panofsky „illustrieren" auf die Leistung eines Bildes gegenüber einem sprachlichen Text bezieht. Panofsky spricht ferner von „paraphrasieren", wenn es ihm auf die Leistung eines Textes gegenüber einem Bild ankommt. Praz hingegen meint mit „to illustrate" erläutern, d.h. Bild und Text erläutern einander.

Ein weiterer Ansatz versuchte die Frage des Zusammenhangs in der Dreiteiligkeit des Emblems dadurch zu umgehen, dass er allein das Vorhandensein einer res significans als erforderliches definitorisches Gattungsmerkmal des Emblems begriff. Fragen nach der Form der Dreiteiligkeit oder deren Notwendigkeit überhaupt, blieben unbeachtet. Dieser Ansatz beachtet dabei nicht, dass das Emblem dann nicht mehr von rein textuellen Formen des Gleichnisses, der Fabel oder der Parabel zu unterscheiden wäre.[20]

Ernst Friedrich von Monroy, ein Vertreter der formgeschichtlichen Methode, sagt, dass das Verhältnis zwischen Bild und Text dem einer Illustration zu einem vorgegebenen Text entspreche.[21] Dabei geht es ihm aber nicht um die Zuordnung einer konkreten pictura zu einem konkreten Text wie Praz und de Vries, sondern um das allgemeine Problem des Angewiesenseins bzw. Nichtangewiesenseins bestimmter Bilder auf bestimmte Texte. Als Beispiel für ein Angewiesensein nennt er die Renaissance-Hieroglyphe und als Beispiel für ein Nichtangewiesensein die realistischen Emblembücher, in denen „das Bild, das etwas

---

[17] Scholz, B. F.: Emblem und Emblempoetik: historische und systematische Studien, S.24.
[18] Scholz, B. F.: Emblem und Emblempoetik: historische und systematische Studien, S.25.
[19] Scholz, B. F.: Emblem und Emblempoetik: historische und systematische Studien, S.25.
[20] Zymner, R.: Das Emblem als offenes Kunstwerk, S.14.
[21] Scholz, B. F.: Emblem und Emblempoetik: historische und systematische Studien, S.26.

anderes meint als was es darstellt, überwunden ist durch eine Kunst, die nichts will als die reine Vergegenwärtigung, das reine Jetzt und Hier"[22].

Schöne schließlich vermeidet den Begriff des „illustrierens" zugunsten der Wortgruppe „Priorität des Bildes". Scholz kritisiert, dass im Endeffekt Priorität hier die Vorrangigkeit des dargestellten Gegenstands im Akt der Auslegung meint. Ferner ließe Schöne außer Acht, dass die Emblematik Gegenstände und Sachverhalte als auslegungsfähig darstellt. Des Weiteren ergebe sich ein pragmatische Problem und die daraus resultierende Frage, ob eine res picta ohne auslegenden Text überhaupt auslegungsfähig sei.[23]

An dieser Stelle soll nochmals an Andreas Alciatos erinnert werden. Für Alciatos bestand der Inhalt seines Buches aus ekphrastischen Epigrammen in der Tradition der Anthologia Graeca. Dort wurden Gegenstände beschrieben, die ihrerseits eine oder mehrere Bedeutungen hatten, genauer, denen im auslegenden Teil des Epigramms diese Bedeutungen zugeschrieben wurden.[24] Davon ausgehend bedeutet dies, dass die visuelle Komponente kein Merkmal des Emblems im Sinne der Anthologia Graeca war und damit kein gattungsdefinitorisches Merkmal. Damit konnte das Lesepublikum auch keine Erwartungen bezüglich bestimmter Textmerkmale haben.

Im Anschluss daran stellt sich die Frage nach dem Verhältnis von Wort und Bild nach Scholz in mehrfacher Hinsicht: Erstens: Gibt es textuell nachweisbare Beziehungen zwischen Epigramm und Holzschnitt? Dabei geht es nur darum festzustellen, ob sich deiktische Verweise in der subscriptio bei der Herstellung der Co-Referenz von Wort und Bild finden lassen. Zweitens: Wie wird die ausgewählte Zuordnung wahrgenommen? Diese Frage ist schwer zu beantworten, da das Leseverhalten der damaligen Zeit schwer zu rekonstruieren ist. Eine Antwort lässt sich nur aus Vorworten und Poetiken rekonstruieren, und Drittens: Wie kam es zur Priorität des Bildes? Scholz führt hier einerseits den Blattspiegel an, der es vermutlich schaffte, den Blick des Lesers auf das Bild zu lenken und andererseits bemerkt er, dass Alciatos ausdrücklich auf die Wichtigkeit des dargestellten Gegenstands für zum Beispiel Handwerker hinwies, die in dem Bild einen Teil ihres Lebens erkennen konnten.

Alciatos bemühte sich in der Augsburger Ausgabe darum, dass die pictura abbildet, was das Epigramm beschreibt. Folglich lässt sich Schönes „Priorität des Bildes" verwenden, wenn es dahingehend präzisiert wird, dass die „Priorität des Bildes" dann vorliegt, wenn der dem Epigramm beigefügte Holzschnitt den ekphrastischen Gegenstand wiedergibt.[25]

---

[22] Scholz, B. F.: Emblem und Emblempoetik: historische und systematische Studien, S.25.
[23] Scholz, B. F.: Emblem und Emblempoetik: historische und systematische Studien, S.27.
[24] Scholz, B. F.: Emblem und Emblempoetik: historische und systematische Studien, S.32.
[25] Scholz, B. F.: Emblem und Emblempoetik: historische und systematische Studien, S.28.

Versuch einer Gattungscharakterisierung

Peter M. Daly stellt in seinem Buch „Emblem Theory" –Recent German Contribution to the Characterization of the Emblem Genre" von 1979 drei Ansätze vor, die versuchen die Gattung „Emblem" zu charakterisieren.

Der Historisch-chronologische Ansatz setzt bei der Ersterscheinung eines neuen Genres an. Dieser Ansatz geht von Alciatos und der Analyse seiner Embleme aus, ohne irgendwelche Konzepte in Betracht zu ziehen, d.h. es sollten keine Emblematikprobleme durchdacht werden, aber auch nichts von der Analyse als solcher weggelassen werden. Dabei geht es um die Fragen nach dem Inhalt und Ursprung der pictura, nach dem Inhalt, Zweck und Ursprung der subscriptio und der inscriptio, sowie um die funktionelle Verbindung zwischen pictura und subscriptio und die Frage nach dem Sinn von Emblembüchern überhaupt.

Der selektiv-vergleichende Ansatz hingegen basiert auf einem Überblick über die Entwicklung der Emblem-Tradition. Innerhalb der Forschung wird eine Auswahl von Emblembüchern getroffen, die charakteristisch für die Gattung sein sollen. Anschließend werden einzelne Embleme analysiert um eine generelle Beschreibung für notwendige Merkmale zu erhalten, die die Embleme gemeinsam haben.

Der Formale Ansatz hingegen beschränkt sich allein auf Formfragen und die funktionelle Verbindung von Wort und Bild in der Dreiteilung des Emblems. Dabei werden Themen, Inhalte oder Weltanschauungen außer Acht gelassen.

Daly schlussfolgert, dass jeder dieser Ansätze für die Charakterisierung einer Gattung entweder bedeuten würde, dass ein Ideal in einer idealen Form konstruiert wird, dem nicht alle Embleme entsprechen oder es würde ein Konstrukt geschaffen, das austauschbare Variablen enthält und somit nicht zu einer eindeutigen Gattungscharakteristik beitragen würde.